MW00444964

All rights reserved. This book or any portion thereof
may not be reproduced or used in any manner what-
soever without the express written permission of the
publisher.
River Breeze Press 2018 First Printing

This journal belongs to:

_____

Hike	Page

Hike	Page

Hike	Page

Hike	Page

Hike/Trail Name: _____

Date: _____   Location: _____

Companions: _____

Weather

Temperature: _____

☀   ⛅   ☁   🌧

_____
_____

Difficulty/Trail Description

🚶   🥾   🧗

1   2   3   4   5

Distance: _____

_____

Best three things about the hike:

1. _____

2. _____

3. _____

Description of things I saw or did: _____

_____

_____

_____

_____

_____

_____

_____

_____

Hike Overall Rating

☆ ☆ ☆ ☆ ☆

1

Hike/Trail Name: _____

Date: _____ Location: _____

Companions: _____

Weather

Temperature: _____

☀ 🌦 ☁ 🌧

_____

_____

Difficulty/Trail Description

🚶 🥾 🧗

1   2   3   4   5

Distance: _____

_____

Best three things about the hike:

1. _____

2. _____

3. _____

Description of things I saw or did: _____

_____

_____

_____

_____

_____

_____

_____

_____

Hike Overall Rating

☆ ☆ ☆ ☆ ☆

_____

_____

Hike/Trail Name: _____

Date: _____ Location: _____

Companions: _____

Weather		Difficulty/Trail Description

Weather

Temperature: _____

☀️   ⛅   ☁️   🌧️

_____
_____

Difficulty/Trail Description

🚶 🥾 🧗
1   2   3   4   5

Distance: _____

_____

Best three things about the hike:

1. _____

2. _____

3. _____

Description of things I saw or did: _____

_____

_____

_____

_____

_____

_____

_____

_____

Hike Overall Rating
☆ ☆ ☆ ☆ ☆

Hike/Trail Name: _____

Date: _____ Location: _____

Companions: _____

Weather	Difficulty/Trail Description

Weather

Temperature: _____

☀ ⛅ ☁ 🌧

_____
_____

Difficulty/Trail Description

🚶 🥾 🧗
1   2   3   4   5

Distance: _____

_____

Best three things about the hike:

1. _____

2. _____

3. _____

Description of things I saw or did: _____

_____
_____
_____
_____
_____
_____
_____
_____

Hike Overall Rating

☆ ☆ ☆ ☆ ☆   _____

Hike/Trail Name: _____

Date: _____   Location: _____

Companions: _____

Weather	Difficulty/Trail Description

Weather

Temperature: _____

☀   ⛅   ☁   🌧

_____

_____

Difficulty/Trail Description

🚶 🥾   🧗

1   2   3   4   5

Distance: _____

_____

Best three things about the hike:

1. _____

2. _____

3. _____

Description of things I saw or did: _____

_____

_____

_____

_____

_____

_____

_____

_____

Hike Overall Rating

☆ ☆ ☆ ☆ ☆

Hike/Trail Name: _____

Date: _____ Location: _____

Companions: _____

Weather	Difficulty/Trail Description

Weather

Temperature: _____

_____

_____

Difficulty/Trail Description

1   2   3   4   5

Distance: _____

_____

Best three things about the hike:

1. _____

2. _____

3. _____

Description of things I saw or did: _____

_____

_____

_____

_____

_____

_____

_____

Hike Overall Rating

  _____

Hike/Trail Name: _____

Date: _____ Location: _____

Companions: _____

Weather	Difficulty/Trail Description

Weather

Temperature: _____

☀ ⛅ ☁ 🌧

_____

_____

Difficulty/Trail Description

🚶 1   🚶 2   🚶 3   🚶 4   🧗 5

Distance: _____

_____

Best three things about the hike:

1. _____

2. _____

3. _____

Description of things I saw or did: _____

_____

_____

_____

_____

_____

_____

_____

_____

_____

Hike Overall Rating

☆ ☆ ☆ ☆ ☆

Hike/Trail Name: _____

Date: _____ Location: _____

Companions: _____

Weather	Difficulty/Trail Description

Temperature: _____

☀️ ⛅ ☁️ 🌧️

_____

_____

Difficulty/Trail Description

🚶 1   2   🥾 3   4   🧗 5

Distance: _____

_____

Best three things about the hike:

1. _____

2. _____

3. _____

Description of things I saw or did: _____

_____

_____

_____

_____

_____

_____

_____

Hike Overall Rating

_____

_____

Hike/Trail Name: _____

Date: _____ Location: _____

Companions: _____

<table>
<tr><td>

Weather

Temperature: _____

☀ ⛅ ☁ 🌧

_____

_____

</td><td>

Difficulty/Trail Description

🚶 🥾 🧗

1   2   3   4   5

Distance: _____

_____

</td></tr>
</table>

Best three things about the hike:

1. _____

2. _____

3. _____

Description of things I saw or did: _____

_____

_____

_____

_____

_____

_____

_____

_____

_____

Hike Overall Rating

    ☆

Hike/Trail Name: _____

Date: _____   Location: _____

Companions: _____

Weather	Difficulty/Trail Description

Weather

Temperature: _____

_____

_____

Difficulty/Trail Description

1   2   3   4   5

Distance: _____

_____

Best three things about the hike:

1. _____

2. _____

3. _____

Description of things I saw or did: _____

_____

_____

_____

_____

_____

_____

_____

_____

_____

Hike Overall Rating

☆ ☆ ☆ ☆ ☆   _____

_____

Hike/Trail Name: _____

Date: _____ Location: _____

Companions: _____

<table>
<tr><td>

Weather

Temperature: _____

☀ ⛅ ☁ 🌧

_____

_____

</td><td>

Difficulty/Trail Description

  🚶   🥾   🧗

1   2   3   4   5

Distance: _____

_____

</td></tr>
</table>

Best three things about the hike:

1. _____

2. _____

3. _____

Description of things I saw or did: _____

_____

_____

_____

_____

_____

_____

_____

_____

_____

<table>
<tr><td>

Hike Overall Rating

☆ ☆ ☆ ☆ ☆

</td></tr>
</table>

Hike/Trail Name: _____

Date: _____   Location: _____

Companions: _____

<table>
<tr><td>

Weather

Temperature: _____

☼   ⛅   ☁   🌧

_____
_____

</td><td>

Difficulty/Trail Description

1   2   3   4   5

Distance: _____

_____

</td></tr>
</table>

Best three things about the hike:

1. _____

2. _____

3. _____

Description of things I saw or did: _____

_____

_____

_____

_____

_____

_____

_____

_____

Hike Overall Rating

    ☆   _____

_____

Hike/Trail Name: _____

Date: _____ Location: _____

Companions: _____

| Weather | Difficulty/Trail Description |

Weather

Temperature: _____

☀ ⛅ ☁ 🌧

_____

_____

Difficulty/Trail Description

🚶 🥾 🧗
1   2   3   4   5

Distance: _____

_____

Best three things about the hike:

1. _____

2. _____

3. _____

Description of things I saw or did: _____

_____

_____

_____

_____

_____

_____

_____

_____

_____

| Hike Overall Rating |
| ☆ ☆ ☆ ☆ ☆ |

Hike/Trail Name: _____

Date: _____ Location: _____

Companions: _____

<table>
<tr><td>

Weather

Temperature: _____

☀ ⛅ ☁ 🌧

_____

_____

</td><td>

Difficulty/Trail Description

🚶   🥾   🧗

1   2   3   4   5

Distance: _____

_____

</td></tr>
</table>

Best three things about the hike:

1. _____

2. _____

3. _____

Description of things I saw or did: _____

_____

_____

_____

_____

_____

_____

_____

Hike Overall Rating

☆ ☆ ☆ ☆ ☆ _____

14

Hike/Trail Name: _____

Date: _____ Location: _____

Companions: _____

<table>
<tr><td>

Weather

Temperature: _____

☀ ⛅ ☁ 🌧

_____

_____

</td><td>

Difficulty/Trail Description

🚶 🥾 🧗

1   2   3   4   5

Distance: _____

_____

</td></tr>
</table>

Best three things about the hike:

1. _____

2. _____

3. _____

Description of things I saw or did: _____

_____

_____

_____

_____

_____

_____

_____

_____

_____

| Hike Overall Rating |
| ☆ ☆ ☆ ☆ ☆ |

Hike/Trail Name: _____

Date: _____   Location: _____

Companions: _____

Weather	Difficulty/Trail Description

Weather

Temperature: _____

_____

_____

Difficulty/Trail Description

1   2   3   4   5

Distance: _____

_____

Best three things about the hike:

1. _____

2. _____

3. _____

Description of things I saw or did: _____

_____

_____

_____

_____

_____

_____

_____

_____

Hike Overall Rating

☆ ☆ ☆ ☆ ☆   _____

_____

16

Hike/Trail Name: _____

Date: _____ Location: _____

Companions: _____

Weather	Difficulty/Trail Description

Weather

Temperature: _____

☀ ⛅ ☁ 🌧

_____

_____

Difficulty/Trail Description

1   2   3   4   5

Distance: _____

_____

Best three things about the hike:

1. _____

2. _____

3. _____

Description of things I saw or did: _____

_____

_____

_____

_____

_____

_____

_____

_____

_____

Hike Overall Rating

☆ ☆ ☆ ☆ ☆

17

Hike/Trail Name: _____

Date: _____   Location: _____

Companions: _____

<table>
<tr><td>

Weather

Temperature: _____

_____

_____

</td><td>

Difficulty/Trail Description

1	2	3	4	5

Distance: _____

_____

</td></tr>
</table>

Best three things about the hike:

1. _____

2. _____

3. _____

Description of things I saw or did: _____

_____

_____

_____

_____

_____

_____

_____

_____

Hike Overall Rating

☆ ☆ ☆ ☆ ☆   _____

_____

Hike/Trail Name: _____

Date: _____ Location: _____

Companions: _____

Weather	Difficulty/Trail Description

Weather

Temperature: _____

☀ ⛅ ☁ 🌧

_____

_____

Difficulty/Trail Description

🚶 🥾 🧗
1   2   3   4   5

Distance: _____

_____

Best three things about the hike:

1. _____

2. _____

3. _____

Description of things I saw or did: _____

_____

_____

_____

_____

_____

_____

_____

_____

_____

Hike Overall Rating

Hike/Trail Name: _____

Date: _____ Location: _____

Companions: _____

Weather

Temperature: _____

_____

_____

Difficulty/Trail Description

1   2   3   4   5

Distance: _____

_____

Best three things about the hike:

1. _____

2. _____

3. _____

Description of things I saw or did: _____

_____

_____

_____

_____

_____

_____

_____

Hike Overall Rating

☆ ☆ ☆ ☆ ☆   _____

_____

Hike/Trail Name: _____

Date: _____ Location: _____

Companions: _____

Weather	Difficulty/Trail Description

Weather

Temperature: _____

☼   ⛅   ☁   🌧

_____
_____

Difficulty/Trail Description

1   2   3   4   5

Distance: _____

_____

Best three things about the hike:

1. _____

2. _____

3. _____

Description of things I saw or did: _____

_____

_____

_____

_____

_____

_____

_____

_____

_____

Hike Overall Rating

Hike/Trail Name: _____

Date: _____ Location: _____

Companions: _____

<table>
<tr><td>

Weather

Temperature: _____

_____

_____

</td><td>

Difficulty/Trail Description

1   2   3   4   5

Distance: _____

_____

</td></tr>
</table>

Best three things about the hike:

1. _____

2. _____

3. _____

Description of things I saw or did: _____

_____

_____

_____

_____

_____

_____

_____

_____

Hike Overall Rating

☆ ☆ ☆ ☆ ☆ _____

_____

Hike/Trail Name: _____

Date: _____ Location: _____

Companions: _____

Weather

Temperature: _____

☀️ ⛅ ☁️ 🌧️

_____

_____

Difficulty/Trail Description

1   2   3   4   5

Distance: _____

_____

Best three things about the hike:

1. _____

2. _____

3. _____

Description of things I saw or did: _____

_____

_____

_____

_____

_____

_____

_____

_____

_____

Hike Overall Rating

☆ ☆ ☆ ☆ ☆

Hike/Trail Name: _____

Date: _____ Location: _____

Companions: _____

Weather	Difficulty/Trail Description

Weather

Temperature: _____

_____

_____

Difficulty/Trail Description

1   2   3   4   5

Distance: _____

_____

Best three things about the hike:

1. _____

2. _____

3. _____

Description of things I saw or did: _____

_____

_____

_____

_____

_____

_____

_____

_____

Hike Overall Rating

☆ ☆ ☆ ☆ ☆

Hike/Trail Name: _____

Date: _____ Location: _____

Companions: _____

<table>
<tr><td>

Weather

Temperature: _____

☀ ⛅ ☁ 🌧

_____

_____

</td><td>

Difficulty/Trail Description

🚶   🥾   🧗

1   2   3   4   5

Distance: _____

_____

</td></tr>
</table>

Best three things about the hike:

1. _____

2. _____

3. _____

Description of things I saw or did: _____

_____

_____

_____

_____

_____

_____

_____

_____

_____

Hike Overall Rating

☆ ☆ ☆ ☆ ☆

Hike/Trail Name: _____

Date: _____ Location: _____

Companions: _____

Weather

Temperature: _____

☀️   🌤️   ☁️   🌧️

_____

_____

Difficulty/Trail Description

🚶		🥾		🧗
1	2	3	4	5

Distance: _____

_____

Best three things about the hike:

1. _____

2. _____

3. _____

Description of things I saw or did: _____

_____

_____

_____

_____

_____

_____

_____

_____

Hike Overall Rating

☆ ☆ ☆ ☆ ☆   _____

Hike/Trail Name: _____

Date: _____   Location: _____

Companions: _____

```
┌─────────────────────────────┐   ┌─────────────────────────────────┐
│           Weather           │   │   Difficulty/Trail Description   │
│                             │   │                                  │
│  Temperature: _____   │   │   [1]    [2]    [3]    [4]   [5]  │
│                             │   │                                  │
│  ☀  ⛅  ☁  🌧              │   │   Distance: _____    │
│                             │   │                                  │
│  _____    │   │   _____    │
│  _____    │   │                                  │
└─────────────────────────────┘   └─────────────────────────────────┘
```

Best three things about the hike:

1. _____

2. _____

3. _____

Description of things I saw or did: _____

_____

_____

_____

_____

_____

_____

_____

_____

_____

```
                                    ┌──────────────────────────────┐
_____   │      Hike Overall Rating      │
                                    │   ☆   ☆   ☆   ☆   ☆          │
                                    └──────────────────────────────┘
```

Hike/Trail Name: _____

Date: _____   Location: _____

Companions: _____

<table>
<tr><td>

Weather

Temperature: _____

☀   ⛅   ☁   🌧

_____

_____

</td><td>

Difficulty/Trail Description

🚶   🥾   🧗

1   2   3   4   5

Distance: _____

_____

</td></tr>
</table>

Best three things about the hike:

1. _____

2. _____

3. _____

Description of things I saw or did: _____

_____

_____

_____

_____

_____

_____

_____

Hike Overall Rating

☆ ☆ ☆ ☆ ☆

_____

_____

Hike/Trail Name: _____

Date: _____   Location: _____

Companions: _____

<table>
<tr><td>

Weather

Temperature: _____

☀ ⛅ ☁ 🌧

_____

_____

</td><td>

Difficulty/Trail Description

🚶   🥾   🧗

1   2   3   4   5

Distance: _____

_____

</td></tr>
</table>

Best three things about the hike:

1. _____

2. _____

3. _____

Description of things I saw or did: _____

_____

_____

_____

_____

_____

_____

_____

_____

_____

Hike Overall Rating

☆ ☆ ☆ ☆ ☆

Hike/Trail Name: _____

Date: _____ Location: _____

Companions: _____

Weather	Difficulty/Trail Description

Weather

Temperature: _____

☀ ⛅ ☁ 🌧

_____

_____

Difficulty/Trail Description

🚶 | 🥾 | 🧗
1   2   3   4   5

Distance: _____

_____

Best three things about the hike:

1. _____

2. _____

3. _____

Description of things I saw or did: _____

_____

_____

_____

_____

_____

_____

_____

Hike Overall Rating

_____

_____

Hike/Trail Name: _____

Date: _____ Location: _____

Companions: _____

Weather	Difficulty/Trail Description

Weather

Temperature: _____

☀ ⛅ ☁ 🌧

_____

_____

Difficulty/Trail Description

🚶 1   🚶 2   🥾 3   4   🧗 5

Distance: _____

_____

Best three things about the hike:

1. _____

2. _____

3. _____

Description of things I saw or did: _____

_____

_____

_____

_____

_____

_____

_____

_____

_____

Hike Overall Rating

☆ ☆ ☆ ☆ ☆

Hike/Trail Name: _____

Date: _____ Location: _____

Companions: _____

Weather	Difficulty/Trail Description

Weather

Temperature: _____

_____

_____

Difficulty/Trail Description

1   2   3   4   5

Distance: _____

_____

Best three things about the hike:

1. _____

2. _____

3. _____

Description of things I saw or did: _____

_____

_____

_____

_____

_____

_____

_____

_____

Hike Overall Rating
☆ ☆ ☆ ☆ ☆   _____

_____

Hike/Trail Name: _____

Date: _____ Location: _____

Companions: _____

Weather	Difficulty/Trail Description

Weather

Temperature: _____

☀ ⛅ ☁ 🌧

_____

_____

Difficulty/Trail Description

🚶 1   🚶 2   🥾 3   4   🧗 5

Distance: _____

_____

Best three things about the hike:

1. _____

2. _____

3. _____

Description of things I saw or did: _____

_____

_____

_____

_____

_____

_____

_____

_____

_____

Hike Overall Rating
☆ ☆ ☆ ☆ ☆

Hike/Trail Name: _____

Date: _____   Location: _____

Companions: _____

Weather	Difficulty/Trail Description

Weather

Temperature: _____

_____

_____

Difficulty/Trail Description

1   2   3   4   5

Distance: _____

_____

Best three things about the hike:

1. _____

2. _____

3. _____

Description of things I saw or did: _____

_____

_____

_____

_____

_____

_____

_____

_____

Hike Overall Rating

Hike/Trail Name: _____

Date: _____ Location: _____

Companions: _____

Weather	Difficulty/Trail Description

Weather

Temperature: _____

☀ ⛅ ☁ 🌧

_____
_____

Difficulty/Trail Description

🚶 🥾 🧗
1   2   3   4   5

Distance: _____

_____

Best three things about the hike:

1. _____

2. _____

3. _____

Description of things I saw or did: _____

_____

_____

_____

_____

_____

_____

_____

_____

_____

Hike Overall Rating

☆ ☆ ☆ ☆ ☆

Hike/Trail Name: _____

Date: _____ Location: _____

Companions: _____

<table>
<tr><td>

Weather

Temperature: _____

☀ 🌤 ☁ 🌧

_____

_____

</td><td>

Difficulty/Trail Description

🚶   🥾   🧗

1   2   3   4   5

Distance: _____

_____

</td></tr>
</table>

Best three things about the hike:

1. _____

2. _____

3. _____

Description of things I saw or did: _____

_____

_____

_____

_____

_____

_____

_____

_____

Hike Overall Rating

    ☆

_____

Hike/Trail Name: _____

Date: _____ Location: _____

Companions: _____

Weather	Difficulty/Trail Description

Weather

Temperature: _____

☀️ ⛅ ☁️ 🌧️

_____

_____

Difficulty/Trail Description

🚶   🥾   🧗

1   2   3   4   5

Distance: _____

_____

Best three things about the hike:

1. _____

2. _____

3. _____

Description of things I saw or did: _____

_____

_____

_____

_____

_____

_____

_____

_____

_____

Hike Overall Rating

☆ ☆ ☆ ☆ ☆

Hike/Trail Name: _____

Date: _____ Location: _____

Companions: _____

Weather	Difficulty/Trail Description

Weather

Temperature: _____

☀ ⛅ ☁ 🌧

_____

_____

Difficulty/Trail Description

🚶 🥾 🧗

1   2   3   4   5

Distance: _____

_____

Best three things about the hike:

1. _____

2. _____

3. _____

Description of things I saw or did: _____

_____

_____

_____

_____

_____

_____

_____

Hike Overall Rating

_____

Hike/Trail Name: _____

Date: _____ Location: _____

Companions: _____

Weather

Temperature: _____

☀️ 🌦️ ☁️ 🌧️

_____

_____

Difficulty/Trail Description

🚶   🥾   🧗

1   2   3   4   5

Distance: _____

_____

Best three things about the hike:

1. _____

2. _____

3. _____

Description of things I saw or did: _____

_____

_____

_____

_____

_____

_____

_____

_____

_____

_____

Hike Overall Rating

   ☆ ☆

Hike/Trail Name: _____

Date: _____ Location: _____

Companions: _____

Weather	Difficulty/Trail Description

Weather

Temperature: _____

☀ ⛅ ☁ 🌧

_____

_____

Difficulty/Trail Description

🚶 1   2   🚶 3   4   🧗 5

Distance: _____

_____

Best three things about the hike:

1. _____

2. _____

3. _____

Description of things I saw or did: _____

_____

_____

_____

_____

_____

_____

_____

Hike Overall Rating

☆ ☆ ☆ ☆ ☆   _____

Hike/Trail Name: _____

Date: _____ Location: _____

Companions: _____

Weather	Difficulty/Trail Description

Weather

Temperature: _____

☀ ⛅ ☁ 🌧

_____
_____

Difficulty/Trail Description

1   2   3   4   5

Distance: _____

_____

Best three things about the hike:

1. _____

2. _____

3. _____

Description of things I saw or did: _____

_____

_____

_____

_____

_____

_____

_____

_____

_____

Hike Overall Rating

☆ ☆ ☆ ☆ ☆

Hike/Trail Name: _____

Date: _____ Location: _____

Companions: _____

Weather	Difficulty/Trail Description

Weather

Temperature: _____

☀ ⛅ ☁ 🌧

_____
_____

Difficulty/Trail Description

1   2   3   4   5

Distance: _____

_____

Best three things about the hike:

1. _____

2. _____

3. _____

Description of things I saw or did: _____

_____
_____
_____
_____
_____
_____
_____
_____

Hike Overall Rating

☆ ☆ ☆ ☆ ☆

_____
_____

Hike/Trail Name: _____

Date: _____   Location: _____

Companions: _____

Weather

Temperature: _____

☀ ⛅ ☁ 🌧

_____

_____

Difficulty/Trail Description

🚶 🚶 🧗
1   2   3   4   5

Distance: _____

_____

Best three things about the hike:

1. _____

2. _____

3. _____

Description of things I saw or did: _____

_____

_____

_____

_____

_____

_____

_____

_____

_____

Hike Overall Rating

☆ ☆ ☆ ☆ ☆

Hike/Trail Name: _____

Date: _____ Location: _____

Companions: _____

| Weather | Difficulty/Trail Description |

Weather

Temperature: _____

☀ ⛅ ☁ 🌧

_____

_____

Difficulty/Trail Description

🚶   🚶   🥾   🧗
1   2   3   4   5

Distance: _____

_____

Best three things about the hike:

1. _____

2. _____

3. _____

Description of things I saw or did: _____

_____

_____

_____

_____

_____

_____

_____

_____

Hike Overall Rating

_____

_____

Hike/Trail Name: _____

Date: _____ Location: _____

Companions: _____

Weather	Difficulty/Trail Description

Weather

Temperature: _____

_____
_____

Difficulty/Trail Description

1   2   3   4   5

Distance: _____

_____

Best three things about the hike:

1. _____

2. _____

3. _____

Description of things I saw or did: _____

_____

_____

_____

_____

_____

_____

_____

_____

Hike Overall Rating
☆ ☆ ☆ ☆ ☆

Hike/Trail Name: _____

Date: _____   Location: _____

Companions: _____

<table>
<tr><td>

Weather

Temperature: _____

☀   ⛅   ☁   🌧

_____

_____
</td><td>

Difficulty/Trail Description

1   2   3   4   5

Distance: _____

_____
</td></tr>
</table>

Best three things about the hike:

1. _____

2. _____

3. _____

Description of things I saw or did: _____

_____

_____

_____

_____

_____

_____

_____

_____

Hike Overall Rating

       _____

_____

Hike/Trail Name: _____

Date: _____ Location: _____

Companions: _____

┌─────────────────────────────┐ ┌─────────────────────────────────┐
│   Weather   │ │   Difficulty/Trail Description   │
│   │ │   │
│ Temperature: _____ │ │   [1]   [2]   [3]   [4]   [5]   │
│   │ │   │
│ ☀ ⛅ ☁ 🌧   │ │   Distance: _____   │
│   │ │   │
│ _____   │ │   _____   │
│ _____   │ │   _____   │
└─────────────────────────────┘ └─────────────────────────────────┘

┌〰〰〰〰〰〰〰〰〰〰〰〰〰〰〰〰〰〰〰〰〰〰〰〰〰〰〰〰〰〰〰〰〰┐
  Best three things about the hike:

  1. _____

  2. _____

  3. _____
└〰〰〰〰〰〰〰〰〰〰〰〰〰〰〰〰〰〰〰〰〰〰〰〰〰〰〰〰〰〰〰〰〰┘

Description of things I saw or did: _____

_____

_____

_____

_____

_____

_____

_____

_____

_____

_____   ┌───────────────────────┐
                                               │ Hike Overall Rating │
_____   │ ☆ ☆ ☆ ☆ ☆   │
                                               └───────────────────────┘

Hike/Trail Name: _____

Date: _____ Location: _____

Companions: _____

Weather

Temperature: _____

☀ ⛅ ☁ 🌧

_____

_____

Difficulty/Trail Description

🚶		🚶‍♂️		🧗
1	2	3	4	5

Distance: _____

_____

Best three things about the hike:

1. _____

2. _____

3. _____

Description of things I saw or did: _____

_____

_____

_____

_____

_____

_____

_____

Hike Overall Rating

☆ ☆ ☆ ☆ ☆

_____

Hike/Trail Name: _____

Date: _____ Location: _____

Companions: _____

Weather	Difficulty/Trail Description

Weather

Temperature: _____

☀ ⛅ ☁ 🌧

_____
_____

Difficulty/Trail Description

🚶 🥾 🧗
1   2   3   4   5

Distance: _____

_____

Best three things about the hike:

1. _____

2. _____

3. _____

Description of things I saw or did: _____

_____

_____

_____

_____

_____

_____

_____

_____

_____

Hike Overall Rating

☆ ☆ ☆ ☆ ☆

Hike/Trail Name: _____

Date: _____ Location: _____

Companions: _____

Weather	Difficulty/Trail Description

Weather

Temperature: _____

☀ ⛅ ☁ 🌧

_____
_____

Difficulty/Trail Description

🚶   🥾   🧗
1   2   3   4   5

Distance: _____

_____

Best three things about the hike:

1. _____

2. _____

3. _____

Description of things I saw or did: _____

_____

_____

_____

_____

_____

_____

_____

Hike Overall Rating	

Hike Overall Rating

☆ ☆ ☆ ☆ ☆   _____

Hike/Trail Name: _____

Date: _____   Location: _____

Companions: _____

Weather

Temperature: _____

☀ ⛅ ☁ 🌧

_____
_____

Difficulty/Trail Description

🚶	🥾	🥾		🧗
1	2	3	4	5

Distance: _____

_____

Best three things about the hike:

1. _____

2. _____

3. _____

Description of things I saw or did: _____

_____
_____
_____
_____
_____
_____
_____
_____
_____

Hike Overall Rating

☆ ☆ ☆ ☆ ☆

Hike/Trail Name: _____

Date: _____   Location: _____

Companions: _____

Weather	Difficulty/Trail Description

Weather

Temperature: _____

_____
_____

Difficulty/Trail Description

1   2   3   4   5

Distance: _____

_____

Best three things about the hike:

1. _____

2. _____

3. _____

Description of things I saw or did: _____

_____
_____
_____
_____
_____
_____
_____
_____

Hike Overall Rating
        _____

_____

Hike/Trail Name: _____

Date: _____ Location: _____

Companions: _____

Weather	Difficulty/Trail Description

Weather

Temperature: _____

☀ ⛅ ☁ 🌧

_____

_____

Difficulty/Trail Description

🚶 1   🚶 2   🚶 3   4   🧗 5

Distance: _____

_____

Best three things about the hike:

1. _____

2. _____

3. _____

Description of things I saw or did: _____

_____

_____

_____

_____

_____

_____

_____

_____

Hike Overall Rating
☆ ☆ ☆ ☆ ☆

Hike/Trail Name: _____

Date: _____ Location: _____

Companions: _____

<table>
<tr><td>

Weather

Temperature: _____

☀ ⛅ ☁ 🌧

_____

_____

</td><td>

Difficulty/Trail Description

🚶 🚶‍♂️ 🧗

1   2   3   4   5

Distance: _____

_____

</td></tr>
</table>

Best three things about the hike:

1. _____

2. _____

3. _____

Description of things I saw or did: _____

_____

_____

_____

_____

_____

_____

_____

_____

Hike Overall Rating

_____

Hike/Trail Name: _____

Date: _____ Location: _____

Companions: _____

| Weather | Difficulty/Trail Description |

Weather

Temperature: _____

☀️ ⛅ ☁️ 🌧️

_____

_____

Difficulty/Trail Description

1   2   3   4   5

Distance: _____

_____

Best three things about the hike:

1. _____

2. _____

3. _____

Description of things I saw or did: _____

_____

_____

_____

_____

_____

_____

_____

_____

_____

Hike Overall Rating

Hike/Trail Name: _____

Date: _____ Location: _____

Companions: _____

Weather	Difficulty/Trail Description

Weather

Temperature: _____

_____

_____

Difficulty/Trail Description

1   2   3   4   5

Distance: _____

_____

Best three things about the hike:

1. _____

2. _____

3. _____

Description of things I saw or did: _____

_____

_____

_____

_____

_____

_____

_____

Hike Overall Rating

_____

_____

Hike/Trail Name: _____

Date: _____ Location: _____

Companions: _____

Weather	Difficulty/Trail Description
Temperature: _____	
	1 2 3 4 5
_____	Distance: _____
_____	_____

Best three things about the hike:

1. _____

2. _____

3. _____

Description of things I saw or did: _____

_____

_____

_____

_____

_____

_____

_____

_____

_____

	Hike Overall Rating
_____	☆ ☆ ☆ ☆ ☆

Hike/Trail Name: _____

Date: _____ Location: _____

Companions: _____

<table>
<tr><td>

Weather

Temperature: _____

☀ ⛅ ☁ 🌧

_____

_____

</td><td>

Difficulty/Trail Description

1   2   3   4   5

Distance: _____

_____

</td></tr>
</table>

Best three things about the hike:

1. _____

2. _____

3. _____

Description of things I saw or did: _____

_____

_____

_____

_____

_____

_____

_____

_____

Hike Overall Rating
☆ ☆ ☆ ☆ ☆

Hike/Trail Name: _____

Date: _____ Location: _____

Companions: _____

<table>
<tr><td>

Weather

Temperature: _____

☀ ⛅ ☁ 🌧

_____
_____

</td><td>

Difficulty/Trail Description

🚶 🚶‍♂️ 🧗

1   2   3   4   5

Distance: _____

_____

</td></tr>
</table>

Best three things about the hike:

1. _____

2. _____

3. _____

Description of things I saw or did: _____

_____

_____

_____

_____

_____

_____

_____

_____

_____

Hike Overall Rating

☆ ☆ ☆ ☆ ☆

Hike/Trail Name: _____

Date: _____ Location: _____

Companions: _____

Weather	Difficulty/Trail Description

Weather

Temperature: _____

☀ ⛅ ☁ 🌧

_____

_____

Difficulty/Trail Description

🚶   🥾   🧗
1   2   3   4   5

Distance: _____

_____

Best three things about the hike:

1. _____

2. _____

3. _____

Description of things I saw or did: _____

_____

_____

_____

_____

_____

_____

_____

_____

Hike Overall Rating

 ☆ ☆ ☆ ☆ ☆ _____

Hike/Trail Name: _____

Date: _____ Location: _____

Companions: _____

Weather

Temperature: _____

☀ 🌦 ☁ 🌧

_____
_____

Difficulty/Trail Description

🚶 🥾 🧗
1   2   3   4   5

Distance: _____

_____

Best three things about the hike:

1. _____

2. _____

3. _____

Description of things I saw or did: _____

_____

_____

_____

_____

_____

_____

_____

_____

_____

Hike Overall Rating
☆ ☆ ☆ ☆ ☆

Hike/Trail Name: _____

Date: _____   Location: _____

Companions: _____

<table>
<tr><td>

Weather

Temperature: _____

☀   ⛅   ☁   🌧

_____

_____

</td><td>

Difficulty/Trail Description

🚶   🥾   🧗

1   2   3   4   5

Distance: _____

_____

</td></tr>
</table>

Best three things about the hike:

1. _____

2. _____

3. _____

Description of things I saw or did: _____

_____

_____

_____

_____

_____

_____

_____

_____

_____

Hike Overall Rating

☆ ☆ ☆ ☆ ☆   _____

_____

Hike/Trail Name: _____

Date: _____ Location: _____

Companions: _____

Weather	Difficulty/Trail Description

Weather

Temperature: _____

☀ ⛅ ☁ 🌧

_____

_____

Difficulty/Trail Description

🚶 1   🚶 2   🥾 3   4   🧗 5

Distance: _____

_____

Best three things about the hike:

1. _____

2. _____

3. _____

Description of things I saw or did: _____

_____

_____

_____

_____

_____

_____

_____

_____

_____

_____

Hike Overall Rating
☆ ☆ ☆ ☆ ☆

Hike/Trail Name: _____

Date: _____ Location: _____

Companions: _____

<table>
<tr><td>

Weather

Temperature: _____

☀️   ⛅   ☁️   🌧️

_____

_____

</td><td>

Difficulty/Trail Description

🚶   🥾   🧗

1   2   3   4   5

Distance: _____

_____

</td></tr>
</table>

Best three things about the hike:

1. _____

2. _____

3. _____

Description of things I saw or did: _____

_____

_____

_____

_____

_____

_____

_____

_____

Hike Overall Rating

☆ ☆ ☆ ☆ ☆   _____

_____

64

Hike/Trail Name: _____

Date: _____ Location: _____

Companions: _____

Weather

Temperature: _____

☀ ⛅ ☁ 🌧

_____

_____

Difficulty/Trail Description

🚶 🥾 🧗

1   2   3   4   5

Distance: _____

_____

Best three things about the hike:

1. _____

2. _____

3. _____

Description of things I saw or did: _____

_____

_____

_____

_____

_____

_____

_____

_____

_____

Hike Overall Rating

☆ ☆ ☆ ☆ ☆

Hike/Trail Name: _____

Date: _____ Location: _____

Companions: _____

<table>
<tr><td>

Weather

Temperature: _____

☀ ⛅ ☁ 🌧

_____

_____

</td><td>

Difficulty/Trail Description

🚶 | 🥾 | 🧗
1   2   3   4   5

Distance: _____

_____

</td></tr>
</table>

Best three things about the hike:

1. _____

2. _____

3. _____

Description of things I saw or did: _____

_____

_____

_____

_____

_____

_____

_____

_____

Hike Overall Rating

    ☆

_____

_____

Hike/Trail Name: _____

Date: _____ Location: _____

Companions: _____

```
┌─────────────────────────────┐   ┌─────────────────────────────────┐
│          Weather            │   │   Difficulty/Trail Description   │
│  Temperature: _____   │   │   [🚶] [🚶‍♂️] [🧗]              │
│  ☀  ⛅  ☁  🌧             │   │    1    2    3    4    5         │
│  _____    │   │   Distance: _____    │
│  _____    │   │   _____ │
└─────────────────────────────┘   └─────────────────────────────────┘
```

Best three things about the hike:

1. _____

2. _____

3. _____

Description of things I saw or did: _____

_____

_____

_____

_____

_____

_____

_____

_____

_____

_____

┌─────────────────────────────────┐
│   Hike Overall Rating   │
│   ☆   ☆   ☆   ☆   ☆   │
└─────────────────────────────────┘

Hike/Trail Name: _____

Date: _____   Location: _____

Companions: _____

Weather

Temperature: _____

_____

_____

Difficulty/Trail Description

1   2   3   4   5

Distance: _____

_____

Best three things about the hike:

1. _____

2. _____

3. _____

Description of things I saw or did: _____

_____

_____

_____

_____

_____

_____

_____

_____

Hike Overall Rating

_____

_____

Hike/Trail Name: _____

Date: _____ Location: _____

Companions: _____

Weather	Difficulty/Trail Description

Weather

Temperature: _____

☀ ⛅ ☁ 🌧

_____

_____

Difficulty/Trail Description

🚶   🚶   🧗

1   2   3   4   5

Distance: _____

_____

Best three things about the hike:

1. _____

2. _____

3. _____

Description of things I saw or did: _____

_____

_____

_____

_____

_____

_____

_____

_____

_____

Hike Overall Rating

☆ ☆ ☆ ☆ ☆

Hike/Trail Name: _____

Date: _____ Location: _____

Companions: _____

Weather	Difficulty/Trail Description

Weather

Temperature: _____

_____
_____

Difficulty/Trail Description

  1   2   3   4   5

Distance: _____

_____

Best three things about the hike:

1. _____

2. _____

3. _____

Description of things I saw or did: _____

_____

_____

_____

_____

_____

_____

_____

Hike Overall Rating

☆ ☆ ☆ ☆ ☆

_____
_____

Hike/Trail Name: _____

Date: _____   Location: _____

Companions: _____

<table>
<tr><td>

Weather

Temperature: _____

☀ ⛅ ☁ 🌧

_____

_____

</td><td>

Difficulty/Trail Description

🚶 🥾   🧗

1   2   3   4   5

Distance: _____

_____

</td></tr>
</table>

Best three things about the hike:

1. _____

2. _____

3. _____

Description of things I saw or did: _____

_____

_____

_____

_____

_____

_____

_____

_____

_____

| Hike Overall Rating |
| ☆ ☆ ☆ ☆ ☆ |

Hike/Trail Name: _____

Date: _____ Location: _____

Companions: _____

```
┌─────────────────────────────┐   ┌─────────────────────────────────┐
│          Weather            │   │   Difficulty/Trail Description    │
│  Temperature: _____   │   │   [icon] [icon]  [icon]           │
│                             │   │     1      2    3    4    5        │
│  [☀] [⛅] [☁] [🌧]          │   │   Distance: _____     │
│  _____  │   │   _____     │
│  _____  │   │                                   │
└─────────────────────────────┘   └─────────────────────────────────┘
```

Best three things about the hike:

1. _____

2. _____

3. _____

Description of things I saw or did: _____

_____

_____

_____

_____

_____

_____

_____

_____

Hike Overall Rating
☆ ☆ ☆ ☆ ☆   _____

Hike/Trail Name: _____

Date: _____ Location: _____

Companions: _____

| Weather | Difficulty/Trail Description |

Weather

Temperature: _____

☀ 🌦 ☁ 🌧

_____
_____

Difficulty/Trail Description

🚶 🥾 🧗

1   2   3   4   5

Distance: _____

_____

Best three things about the hike:

1. _____

2. _____

3. _____

Description of things I saw or did: _____

_____

_____

_____

_____

_____

_____

_____

_____

_____

Hike Overall Rating

☆ ☆ ☆ ☆ ☆

Hike/Trail Name: _____

Date: _____ Location: _____

Companions: _____

| Weather | Difficulty/Trail Description |

Weather

Temperature: _____

☀ ⛅ ☁ 🌧

_____

_____

Difficulty/Trail Description

1   2   3   4   5

Distance: _____

_____

Best three things about the hike:

1. _____

2. _____

3. _____

Description of things I saw or did: _____

_____

_____

_____

_____

_____

_____

_____

_____

_____

Hike Overall Rating

☆ ☆ ☆ ☆ ☆   _____

_____

Hike/Trail Name: _____

Date: _____   Location: _____

Companions: _____

| Weather | Difficulty/Trail Description |

Weather

Temperature: _____

☀ ⛅ ☁ 🌧

_____

_____

Difficulty/Trail Description

1   2   3   4   5

Distance: _____

_____

Best three things about the hike:

1. _____

2. _____

3. _____

Description of things I saw or did: _____

_____

_____

_____

_____

_____

_____

_____

_____

_____

Hike Overall Rating

☆ ☆ ☆ ☆ ☆

Hike/Trail Name: _____

Date: _____   Location: _____

Companions: _____

Weather	Difficulty/Trail Description

Weather

Temperature: _____

_____

_____

Difficulty/Trail Description

1   2   3   4   5

Distance: _____

_____

Best three things about the hike:

1. _____

2. _____

3. _____

Description of things I saw or did: _____

_____

_____

_____

_____

_____

_____

_____

Hike Overall Rating

☆ ☆ ☆ ☆ ☆

Hike/Trail Name: _____

Date: _____ Location: _____

Companions: _____

Weather	Difficulty/Trail Description

Weather

Temperature: _____

☀ ⛅ ☁ 🌧

_____

_____

Difficulty/Trail Description

🚶   🥾   🧗

1   2   3   4   5

Distance: _____

_____

Best three things about the hike:

1. _____

2. _____

3. _____

Description of things I saw or did: _____

_____

_____

_____

_____

_____

_____

_____

_____

_____

Hike Overall Rating

    ☆

Hike/Trail Name: _____

Date: _____ Location: _____

Companions: _____

<table>
<tr><td colspan="2">

Weather

Temperature: _____

☀ ⛅ ☁ 🌧

_____

_____

</td><td colspan="2">

Difficulty/Trail Description

🚶 🥾 🧗

1   2   3   4   5

Distance: _____

_____

</td></tr>
</table>

Best three things about the hike:

1. _____

2. _____

3. _____

Description of things I saw or did: _____

_____

_____

_____

_____

_____

_____

_____

_____

Hike Overall Rating

_____

_____

Hike/Trail Name: _____

Date: _____ Location: _____

Companions: _____

Weather	Difficulty/Trail Description
Temperature: _____	1 2 3 4 5

Weather
Temperature: _____

☀   ⛅   ☁   🌧

_____
_____

Difficulty/Trail Description

1   2   3   4   5

Distance: _____
_____

Best three things about the hike:

1. _____

2. _____

3. _____

Description of things I saw or did: _____

_____

_____

_____

_____

_____

_____

_____

_____

Hike Overall Rating
☆ ☆ ☆ ☆ ☆

Made in the USA
Columbia, SC
07 December 2020

26641542R00059